おじいちゃんやおばあちゃんが
生まれた「大正」や「昭和」が、
西暦でいうと何年のことか
この表ですぐにわかるよ！

「昭和」って、
ずいぶん長く
だね！

西暦	元号	西暦	元号
1973年	昭和48年	2003年	平成15年
1974年	昭和49年	2004年	平成16年
1975年	昭和50年	2005年	平成17年
1976年	昭和51年	2006年	平成18年
1977年	昭和52年	2007年	平成19年
1978年	昭和53年	2008年	平成20年
1979年	昭和54年	2009年	平成21年
1980年	昭和55年	2010年	平成22年
1981年	昭和56年	2011年	平成23年
1982年	昭和57年	2012年	平成24年
1983年	昭和58年	2013年	平成25年
1984年	昭和59年	2014年	平成26年
1985年	昭和60年	2015年	平成27年
1986年	昭和61年	2016年	平成28年
1987年	昭和62年	2017年	平成29年
1988年	昭和63年	2018年	平成30年
1989年	昭和64年（1月7日まで）	2019年	平成31年（4月30日まで）
平成		**令和**	
1989年	平成元年（1月8日から）	2019年	令和元年（5月1日から）
1990年	平成2年	2020年	令和2年
1991年	平成3年	2021年	令和3年
1992年	平成4年	2022年	令和4年
1993年	平成5年	2023年	令和5年
1994年	平成6年	2024年	令和6年
1995年	平成7年	2025年	令和7年
1996年	平成8年	2026年	令和8年
1997年	平成9年	2027年	令和9年
1998年	平成10年	2028年	令和10年
1999年	平成11年	2029年	令和11年
2000年	平成12年	2030年	令和12年
2001年	平成13年	……	……
2002年	平成14年		

はじめに

　超高齢社会の日本は、子どもの数がへりつつあり、少子高齢化が世界でいちばん進んでいる国です。全人口は減少していますが、お年よりの数は今後もふえてゆき、2040年ごろまで増加が続きます。

　お年よりにもみなさんと同じ小学生だった時期があります。いまとは時代がちがうため、みなさんとはことなる経験をたくさんしています。勉強の内容も、遊びもちがいます。しかし、子どもであったことにちがいはありません。おたがいの気持ちは十分に理解しあえるはずです。

　このシリーズでは、小学生のみなさんがお年よりへの理解を深め、世代をこえてふれあうためにはどうすればいいのかを考えていきます。超高齢社会をともに生きていくためにはどのような課題があるのか、知恵をわかちあい、ささえあうにはどうしたらいいのかを調べたり、話しあったりするきっかけにしてください。

　さて、この第4巻では、「超高齢社会」とはどんな社会なのかくわしくみていきます。人口の変化や社会のささえあいのしくみ、地域での見守りの方法などをしょうかいします。みんながくらしやすい社会とはどんな社会なのか、いっしょに考えていきましょう。

大阪大学名誉教授／大阪府社会福祉事業団特別顧問

佐藤眞一

おじいちゃん、
おばあちゃんを
知ろう！

4

超高齢社会って
どんな社会？

監修 佐藤眞一
大阪大学名誉教授／大阪府社会福祉事業団特別顧問

小峰書店

もくじ

この巻の登場人物

さくら

小学4年生
ふだんお年よりと交流がないので、どんな人たちなのかもっと知りたい。

はると

小学4年生
同じ家に住んでいるおじいちゃん、おばあちゃんと、毎日よく話している。

ゆい

小学4年生
遠くに住むおばあちゃんの様子が最近、これまでとちがうので、気になっている。

サトウ先生

お年よりの研究者
お年よりの気持ちや行動についてくわしく、講演をしたり、本を書いたりしている。

全4巻 『おじいちゃん、おばあちゃんを知ろう!』

1巻 お年よりって どんな人たち?

「高齢者」といわれる人たちの多様性をさまざまな年代で紹介するとともに、共通してあらわれる体や心の変化をみていきます。

2巻 遊びや知恵を わかちあおう!

昔の遊び、食やくらしの知恵、手仕事の技をお年よりから教わるとともに、子どもが先生となれる交流やふれあうときのコツを紹介。

3巻 どうささえる? 認知症・介護

認知症について、よくある症状や当事者の気持ち、対応などをわかりやすく解説するほか、けがの予防策や介護の仕事などを紹介します。

この本!

4巻 超高齢社会って どんな社会?

超高齢社会とはどんな社会なのか、グラフやイラストを豊富に用いてわかりやすく解説。地域や災害時のささえあい、町の工夫も紹介。

小学校が水族館に変身!?

5

少子高齢化って、どういうこと？

教えて！

子どもが少なくなり、
お年よりが多くなるのが、少子高齢化。
日本ではどのくらい
少子高齢化が進んでいるのかな？

少子高齢化

子ども（0〜14さい）の数や割合が少なくなる「少子化」と、高齢者（65さい以上）の数や割合が多くなる「高齢化」が同時に進むこと。

少子高齢化が急速に進む日本

少子化とは、生まれてくる子どもの数がへって、人口にしめる子どもの割合が少なくなることです。日本で1年間に生まれる子どもの数は、50年ほど前から、少なくなる傾向にあります。そのため、人口にしめる子どもの割合は、どんどんへっています。

一方、お年より（高齢者）の数はふえ続けていて、50年前とくらべると5倍近くになっています。1997年には高齢者の人口が子どもの人口よりも多くなり、2020年には高齢者の人口が子どもの人口の2.4倍となりました。

1年間に生まれる子どもの数の変化

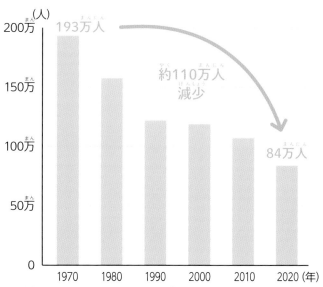

1年間に生まれてくる子どもの数は、50年の間で半分以下に。100万人以上少なくなりました。

出典：厚生労働省「令和4年（2022）人口動態統計（確定数）の概況」

高齢者と子どもの人口の変化

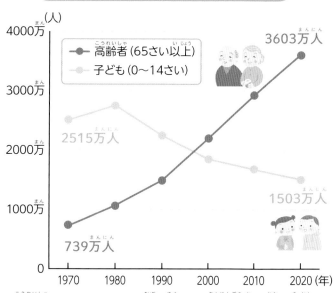

高齢者の人口は、50年の間で約2860万人増加。同じ期間に、子どもの数は約1010万人もへっています。

出典：総務省「令和2年国勢調査」

お年よりが
こんなにふえているのは
どうしてなの？

昔よりも
長生きする人がふえたのが
大きな理由だよ。
日本人の平均寿命の変化を
みてみよう。

平均寿命がのびたことで高齢化が進んでいる

少子高齢化が進んだ背景には、生活のしかたや環境の変化などさまざまな理由がありますが、高齢化については、平均寿命がのびたことが大きく影響しています。医療の進歩や食生活の改善などによって、昔よりも長生きできるようになったのです。

長生きする人がふえる一方で、生まれてくる子どもの数はへっているため、人口全体のなかで、高齢者の割合が多くなるというわけです。

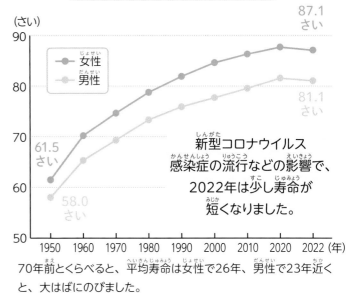

日本人の平均寿命の変化

87.1
さい

61.5
さい

58.0
さい

81.1
さい

新型コロナウイルス
感染症の流行などの影響で、
2022年は少し寿命が
短くなりました。

70年前とくらべると、平均寿命は女性で26年、男性で23年近くと、大はばにのびました。

出典：厚生労働省「令和4年簡易生命表の概況」

平均寿命と健康寿命

平均寿命とは、その時点で0さいの人が、何さいまで生きるかを予測した平均の年数のことです。たとえば、「2020年の平均寿命」とは、2020年に生まれた赤ちゃんが、何さいまで生きるかを予測した平均の年数ということになります。

平均寿命とは別に、「健康寿命」というものがあります。健康寿命とは、「健康上の問題で日常生活が制限されることなく生活できる期間」のこと。つまり、何さいまで健康で元気にすごせるかを表すのが、健康寿命です。

2019年の平均寿命と健康寿命をくらべると、男女ともに10年ほどのちがいがあります。なくなるまでの10年くらいは、介護などが必要な状態でくらすお年よりが少しずつふえてきます。

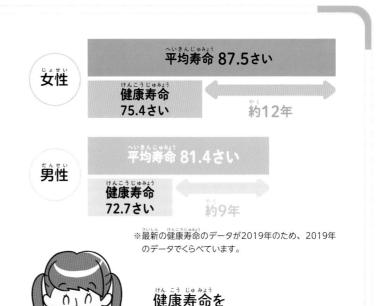

女性
平均寿命 87.5さい
健康寿命 75.4さい
約12年

男性
平均寿命 81.4さい
健康寿命 72.7さい
約9年

※最新の健康寿命のデータが2019年のため、2019年のデータでくらべています。

健康寿命を
のばすことが
大事だね。

教えて！ 超高齢社会って、どんな社会？

少子高齢化が進むということは、
全人口のうち、子どもの割合がへって、
高齢者の割合がふえていく
ということだよ。

超高齢社会

全人口のうち、65さい以上の高齢者の人口が7%以上の社会を「高齢化社会」、14%以上の社会を「高齢社会」、21%以上の社会を「超高齢社会」といいます。

日本は高齢者が全人口の29%をしめる「超高齢社会」

日本では、2007年に65さい以上の人口が全人口の21.5%となり、超高齢社会をむかえました。2020年にはさらに高齢者の割合がふえて、全人口の28.6%となっています。

高齢者の割合は、将来さらにふえると予測されています。日本では1940年代後半と1970年代前半の2度にわたり、たくさん子どもが生まれた時期（ベビーブーム）がありました。1970年代のベビーブーム（第二次ベビーブームという）のときに生まれた世代が65さい以上になるタイミングで、急速に高齢化が進むと考えられているのです。

日本の年齢別の人口と割合

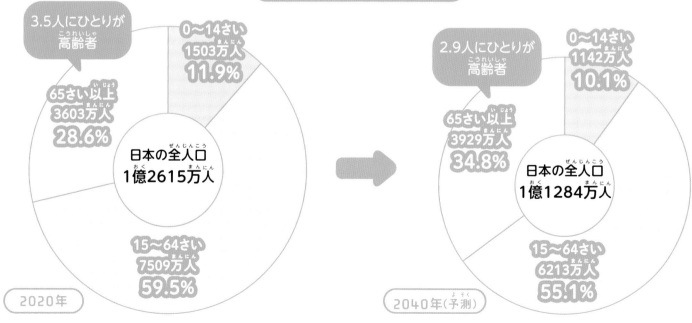

3.5人にひとりが高齢者

0〜14さい 1503万人 11.9%

65さい以上 3603万人 28.6%

日本の全人口 1億2615万人

15〜64さい 7509万人 59.5%

2020年

2.9人にひとりが高齢者

0〜14さい 1142万人 10.1%

65さい以上 3929万人 34.8%

日本の全人口 1億1284万人

15〜64さい 6213万人 55.1%

2040年（予測）

出典：国立社会保障・人口問題研究所「日本の将来推計人口（令和5年推計）」出生中位（死亡中位）推計

日本の人口は、もっとへっていく

平均寿命がのびたことにくわえて、日本の全人口がへっていることも、高齢化が進んでいる理由のひとつです。全人口がへっているなかで、高齢者の人数がふえているため、高齢者がしめる割合が高くなるのです。

2020年の日本の人口は1億2615万人ですが、40年後の2060年には1億人を下回り、9615万人になると予測されています。

日本の人口の変化と将来の予測

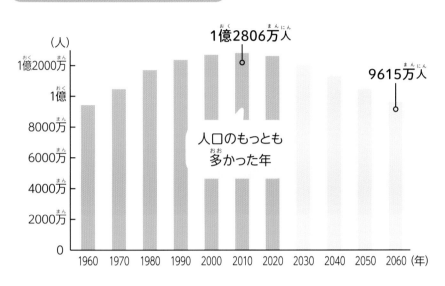

1億2806万人

人口のもっとも
多かった年

9615万人

出典：厚生労働省「令和5年版高齢社会白書」

日本の人口は、
この先40年以内に
3000万人もへってしまう
という予測なんだね！

日本の人口がもっとも多かったのは、2010年の1億2806万人。
その後はずっとへっていて、この先もへり続けると予測されています。

日本の人口の変化を人口ピラミッドでみてみよう！

人口ピラミッドとは、人口を男女別・年齢別のグラフで表したものです。男性は左、女性は右にいくほど人口が多く、たてじくが上にいくほど年齢が高いことを表しています。日本の人口ピラミッドの形は、昔は「富士山型」でしたが、少子高齢化が進んで「つぼ型」へと変化しました。

富士山型

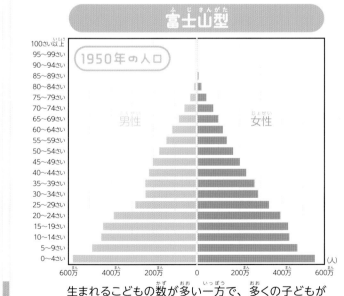

1950年の人口

生まれるこどもの数が多い一方で、多くの子どもがおさないうちになくなります。開発途上国に多い形。

つぼ型

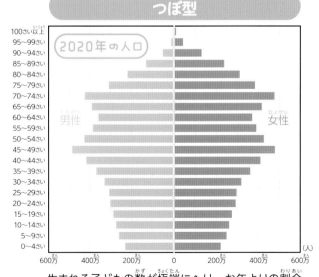

2020年の人口

生まれる子どもの数が極端にへり、お年よりの割合がより高くなります。

出典：総務省統計局「国勢調査」

9

教えて！ 少子高齢化が引きおこす問題って？

わかい人がへって、
お年よりがふえると、
どんな問題がおこるかな？

生産年齢人口

実際にはたらいているかどうかにかかわらず、はたらくことができるとされる年齢の人口を「生産年齢人口」といいます。具体的には、15～64さいの人口をさします。

問題 1　はたらく人が足りない！

少子化によって、生まれてくる子どもの数がへり続けているため、生産年齢人口である15～64さいの人口も、へる一方です。はたらく人が不足して、ものを生産する能力が下がったり、もとめられるサービスを十分に提供できなくなったりするという問題がおきています。日本全体の経済がとどこおってしまう、大きな問題です。

明日は孫の
ダンスの発表会。
会場までは、駅からタクシーで
行けばいいわね。

必要なときに
サービスが利用できないと
不便だし、こまるよね。

ずっと待っているのに、
全然タクシーが来ない……。
これだと間にあわないわ。

人手不足を
解消するための
取り組みが必要だね。

10

問題2 医療や介護にかかるお金がふえる！

高齢になると、わかいときよりも、病気やけがなどで医療を受けることがふえます。また、体の機能がおとろえて、介護が必要になる人も少なくありません。高齢化が進んでお年よりが多くなると、医療や介護にかかるお金がふえるのです。

医療や介護にかかるお金は、「保険」という助けあいのしくみ（→17ページ）と、国民が国や都道府県、市区町村におさめたお金（税金→17ページ）によってささえられています。そのため、医療や介護にかかるお金がふえると、国民みんなの負担がふえることになります。

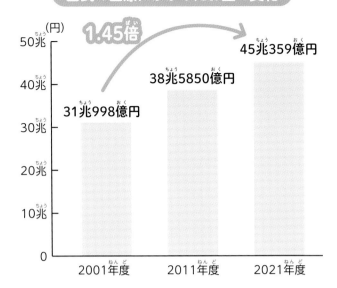

国民の医療にかかったお金の変化

1.45倍

- 31兆998億円
- 38兆5850億円
- 45兆359億円

2001年度　2011年度　2021年度

日本全体で、国民の医療にかかったお金は、20年で1.45倍にふえました。今後もふえていくことが予想されます。

出典：厚生労働省「令和3（2021）年度 国民医療費の概況」

小学校がへったり、空き家がふえたりしているのも、少子高齢化の影響

日本では、少子化が進んで学校に通う子どもが少なくなったことで、小学校の数がへってきています。使われなくなった校舎を、お年よりの役に立つ老人ホームや、町おこしのための施設に活用する取り組みもおこなわれています。

人が住んでいない空き家がふえているのも、少子高齢化の影響です。住んでいた人が高齢になって、老人ホームに入ったり、子どもの家に同居したりすることで、空き家がどんどんふえてしまうのです。とくに地方では、こうした空き家を、移住を希望する人に安く売ったりかしたりするなど、さまざまな方法で活用しています。

子どもが少なくなり、小学校が廃校になる。

老人ホームなどの施設に活用される。

わたしが住んでいる町では昔は町のみんなが参加する運動会があったんだって。どうしてなくなっちゃったのかな？

考えてみよう！

少子高齢化が進んで、社会はどんなふうに変化しているのでしょうか。みんなのくらしている地域では、昔とくらべてどんなことがかわりましたか？ その変化は、少子高齢化と関係があるのか、考えてみよう。

地域ごとの高齢化はどうなっている？

日本中で高齢化が進んでいる

高齢化率（全人口にしめる65さい以上の高齢者の割合）は、年々高くなっています。全国で高齢者の割合がいちばん高い秋田県では、2045年には人口の約半分が高齢者になると予測されています。

一方で、高齢者の割合がもっとも低い都道府県は、1位 東京都（22.8％）、2位 沖縄県（23.5％）、3位 愛知県（25.6％）です。地方ほど高齢化が進み、大都市は地方とくらべると高齢者の割合が少なくなっています。しかし、子どもの数は全国的にへり続けているので、今後高齢化は日本中でさらに進むと考えられます。

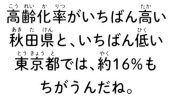

高齢化率がいちばん高い秋田県と、いちばん低い東京都では、約16％もちがうんだね。

高齢者の割合

■	30.0％以上
■	28.0〜29.9％
■	27.9％以下

総務省統計局「令和4年 人口推計」
（2022年10月1日現在）

各都道府県の高齢化率

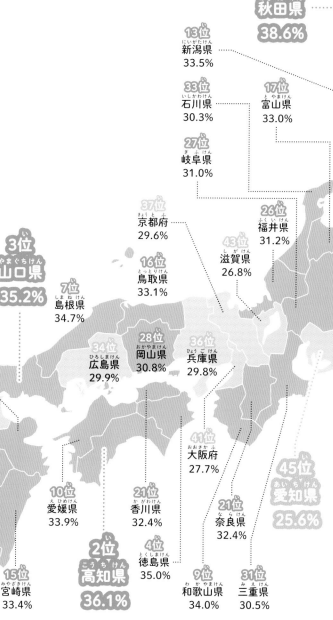

1位 秋田県 38.6％
13位 新潟県 33.5％
33位 石川県 30.3％
17位 富山県 33.0％
27位 岐阜県 31.0％
26位 福井県 31.2％
37位 京都府 29.6％
43位 滋賀県 26.8％
3位 山口県 35.2％
7位 島根県 34.7％
16位 鳥取県 33.1％
10位 大分県 33.9％
39位 福岡県 28.3％
34位 広島県 29.9％
28位 岡山県 30.8％
36位 兵庫県 29.8％
25位 佐賀県 31.4％
41位 大阪府 27.7％
45位 愛知県 25.6％
10位 長崎県 33.9％
10位 愛媛県 33.9％
21位 香川県 32.4％
21位 奈良県 32.4％
23位 熊本県 32.1％
13位 鹿児島県 33.5％
15位 宮崎県 33.4％
2位 高知県 36.1％
4位 徳島県 35.0％
9位 和歌山県 34.0％
31位 三重県 30.5％

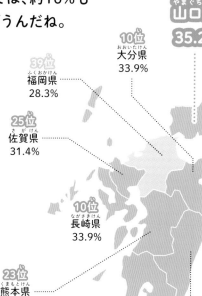

5位
青森県
34.8%

8位
岩手県
34.6%

5位
山形県
34.8%

19位
福島県
32.7%

38位
宮城県
28.9%

34位
栃木県
29.9%

32位
茨城県
30.4%

42位
埼玉県
27.4%

47位
東京都
22.8%

40位
千葉県
28.0%

44位
神奈川県
25.8%

28位
群馬県
30.8%

24位
山梨県
31.5%

30位
静岡県
30.7%

20位
長野県
32.5%

46位
沖縄県
23.5%

高齢化率と地方の問題

　高齢化率の高い地方では、わかい世代の人を中心にそれまでくらしていた町を出て、都市部で仕事をする人がふえています。高齢者の数がふえているのにくわえ、はたらけるわかい人の数がへっていくことで、医療、介護、防災などの公共サービスが十分におこなえなくなるおそれがあります。また、その地方の文化を受けつぐ人がいないため、祭りなど地域独自の個性ゆたかな伝統文化が消えてしまうおそれもあります。

地域の伝統文化を
守るために、できる
ことはあるのかな？

調べてみよう

自分が住んでいる都道府県
の市区町村ごとの高齢化率
を調べ、どんな特徴がある
か考えてみよう。

ほかの国も高齢化しているの？

もっと知りたい！

日本では少子高齢化が進んでいることがわかったね。
では、ほかの国はどうなのだろう？
世界の人口は、これからどうなっていくのかな。

世界でも高齢化が進んでいる

日本の人口はへり続けているのに対して、世界の人口はふえ続けています。2020年の世界の人口は78億4095万人ですが、2060年には100億6773万人になると見こまれています。そのうち、65さい以上の人の割合は2020年には9.4％ですが、2060年には18.7％まで上がると予想されています。

今後、高齢化は日本やイタリア、ドイツ（→15ページ）のような経済が発展している先進国だけでなく、開発途上国でも進んでいくと考えられています。

北ヨーロッパは福祉の先進国！

ヨーロッパの北部にある、デンマークやノルウェー、スウェーデン、フィンランドは福祉が充実しています。国民が高い税金を負担するかわりに、介護や医療、教育などの社会保障サービスを手厚く受けられる国づくりがおこなわれています。

スウェーデンでは、介護が必要になっても多くの人は、訪問看護や訪問介護サービスを利用しながら、自宅で生活しています。認知症などで介護サービスのある高齢者特別住宅に入る人も、自宅で使っていた家具を持ちこみ、家にいたときと同じように安心してすごせるようにしています。

スウェーデンの高齢者特別住宅のひとり部屋の様子。

日本は世界の主要国のなかでいちばん高齢化が進んでいる国

世界には196の国がありますが、日本はそのなかで、人口がとても少ない都市国家のモナコについで、人口にしめる65さい以上の高齢者の割合が高い国です。平均寿命と健康寿命（→7ページ）の長さは、男女ともに世界のトップクラスです。

さまざまな生き方を自分でえらぶことができる先進国では、子どもを産む人がへり、医療や福祉が充実して長生きするお年よりが多くなるので、高齢化が進む傾向にあります。

高齢者の人口の割合が高い国

主要国のなかで、とくに高齢者の人口の割合が高いのが、日本、イタリア、ドイツ、フランス、イギリス、カナダです。1位の日本は2位のイタリアと、4.6%の大きな差があります。

高齢化が進む理由の例

平均寿命が
のびる

医療や
福祉が
充実する

はたらく
女性が
ふえる

子どもの
数がへる

高齢化には、
いろいろなことが
かかわっているんだね。

高齢社会 ← 21% → 超高齢社会

イギリス
カナダ
19.5%

フランス
22.0%

ドイツ
22.7%

イタリア
24.5%

日本
29.1%

出典：総務省統計局「主要国における高齢者人口の割合の比較（2023年）」

世界に先がけて高齢化が進む日本が、
どうやってささえあう社会をつくっていくのか、
世界の人たちが注目しているよ。

調べてみよう！

ほかの国のお年よりのくらしや、受けられる福祉サービスはどのようになっているのでしょうか。国ごとの特徴を調べて、日本とのちがいや、その国の福祉サービスのよいところを考えてみよう。

教えて！ 社会全体のささえあいの しくみを知ろう！

年をとって仕事をやめたら、
収入はなくなるし、
医療や介護にお金がかかるよね。
お年よりは、どうしているのかな？

社会保障制度

高齢になったり、事故や病気ではたらけなくなったりして、生活にこまったときなどに、国や地方自治体（都道府県や市区町村）がささえてくれる制度。

助けが必要な人をささえる 社会保障制度

お年よりだけでなく、子どもや、子育てをしている人、障害のある人、病気やけがをした人など、自分の力だけでは生活するのがむずかしい人はたくさんいます。そこで、みんなが安心してくらせるように、助けを必要としている人をささえるためのさまざまな制度を国が用意しています。これらをまとめて「社会保障制度」といいます。

社会保障制度があることで、
医療や介護を少ない負担で
受けられるんだよ。

社会保障制度がささえるもの

生活	介護	医療

仕事ができなくなって収入が少なくなるなど、生活がむずかしくなった人のくらしを助ける。

年をとって体が思うように動かなくなったときなど、介護にかかるお金の一部を助ける。

病気やけがで治療を受けたとき、入院や手術をしたときなど、医療にかかるお金の一部を助ける。

16

社会保障に
使われるお金は、
どこから出ているの？

みんながはらう税金や、
保険料というお金が
使われているんだよ。

社会保障にも税金が使われている

　社会保障のためのお金には、税金が使われています。税金は、国や都道府県、市区町村が国民から集めるお金で、社会保障のほか、道路をつくったり、災害にあった地域を助けたりするなど、みんなのくらしのために使われます。

　また、「保険」というしくみでなり立っている社会保障もあります。年金制度や介護保険（→20ページ）、医療保険などです。もしものときにそなえて、みんなが少しずつ保険料をはらってささえあいます。

買い物をしたときにはらっている消費税も、税金。

日本のおもな税金は約50種類もある！

　税金にたくさんの種類があるのは、集め方を工夫して、みんなから平等にお金を集められるようにするためです。

このほかにもいろいろな種類の税金があるよ！

代表的な税金の種類

消費税
ものを買ったり、サービスを受けたりしたときにかかる税金。

所得税
個人が、仕事や商売でかせいだお金におうじて負担する税金。

住民税
その地域に住む人や、その地域にある会社などが負担する税金。

固定資産税
土地や建物などの資産をもっている個人や会社が負担する税金。

自動車税
自動車をもっている個人や会社が負担する税金。

相続税
なくなった人から財産を受けつぐときに負担する税金。

みんなの学校の教科書は、
無償で配られているよね。
ここにも税金が使われて
いるのかな？

調べてみよう！

　みんなの身の回りでは、どんなことに税金が使われていますか？　無料や少ない金額で使えるものやサービスには、税金が使われているかもしれません。調べてみよう。

教えて！ お年よりがもらえる「年金」って どんなもの？

うちのおばあちゃんは、毎月「年金」っていうお金をもらっているんだって。
どんなしくみで、いくらくらいもらえるんだろう？

保険料をおさめていた人は 65さいになると年金がもらえる

日本では、20さいから59さいまでの人は、かならず国民年金に入り、毎月決まった金額の保険料をおさめることになっています。また、国民年金のほかに、会社員や公務員（国や都道府県、市区町村などにつとめている人）が入る「厚生年金」があります。厚生年金は、はたらいてかせいだ金額におうじて保険料が決まり、その半分をつとめ先の会社などが負担します。

保険料をおさめていた人は、65さいになると年金をもらえます。これが「老齢年金」です。

年金制度

年金は、年をとったときや、こまったときの生活を、社会全体でささえるための国の制度です。はたらいている世代の人たちが保険料をおさめ、そのお金によって、高齢者やこまっている人に年金がしはらわれます。

年金制度については、国民年金法という法律で決められているよ。

20〜59さいの人は……
毎月、保険料をおさめる。
給与明細

65さい以上の人は……
おさめていた保険料におうじて年金がもらえる。

年金は、世代と世代のささえあいのしくみ

　年金は、自分がわかいときにおさめた保険料をためておいたものではありません。いまはたらいている世代がおさめた保険料が、年金にあてられます。

　そして、いま保険料をおさめている世代がお年よりになったときに受けとる年金には、将来のはたらく世代がおさめる保険料があてられます。世代ごとに、老後をささえあうしくみになっているのです。

いま

お年より

年金を受けとる

はたらいている世代

保険料をおさめる

将来

お年より

年金を受けとる

はたらいている世代

保険料をおさめる

いまはたらいている世代も、
年をとったら
今度はささえてもらう
立場になるんだね。

年金って、いくらもらえるの？

　保険料をおさめた期間や金額によって、もらえる年金の金額はちがいます。

　国民年金に入っている人がもらえる金額は、2022年度末の時点で、月に5.6万円が平均です。会社員や公務員の人は厚生年金にも入っているので、その分の年金ももらえます。

国民年金

お店を
やっていた
Aさん

月に5万6000円

国民年金 ＋ 厚生年金

会社に
つとめていた
Bさん

月に14万5000円

出典：厚生労働省「令和4年度　厚生年金保険・国民年金事業の概況」

ほかにも年金はこんなときにもらえる！

　年金制度には、老齢年金のほかに、病気やけがで障害がのこったときにもらえる「障害年金」、家族のはたらき手がなくなったときにもらえる「遺族年金」という制度もあります。

障害年金

遺族年金

教えて！「介護保険」って どんなしくみ？

年をとって介護が必要になったときには、
「介護保険サービス」という
プロによる介護を受けることができるよ
（→3巻22ページ）。

お年よりの介護を 社会全体でささえる

介護保険制度があることで、介護が必要になったお年よりは、少ない負担で介護保険サービスを利用することができます。サービスの形は、短時間だけ買い物やそうじを手伝ってもらうものから、施設でくらして専門の職員に介護してもらうものまでさまざまです。どんなサービスをどのくらい利用できるかは、要介護度（どのくらい介護が必要かという度合い）によって決まります。

※要介護度は、住んでいる市区町村に申しこんで調べてもらいます。

介護が必要な状態になるのを 予防するサービスもある

要介護度は7つに分かれていて、数字が大きくなるほど、介護が必要な度合いが高く、手厚い支援を受けることができます。

「要支援」の段階は、介護が必要ではないものの、自分だけで日常生活を送るのが少しむずかしい状態です。要支援と認定された人は、介護が必要な状態にならないよう、いまの状態をよりよくしたり、悪くならないようにしたりするための「介護予防サービス」を受けることができます。

介護保険制度

介護が必要になったお年よりのくらしを、社会全体でささえるしくみ。介護保険法という法律によって、40さい以上の人は介護保険に入ることが決められています。毎月保険料をおさめることで、必要になったときに少ない負担で介護保険サービスを利用することができます。

要介護度の段階

高い	
	要介護5
	要介護4
	要介護3
介護が必要な度合い	要介護2
	要介護1
	要支援2
低い	要支援1

介護保険サービスに
かかるお金って、
どうなっているの?

保険料のほかに、
国民がおさめた税金が
使われているよ。

介護保険に使われるお金は、保険料と税金が半分ずつ

介護保険制度を利用すると、利用者はサービスにかかるお金の1割から3割という少ない負担で、必要なサービスを受けられます。のこりのお金は、介護保険に入っている人がおさめた保険料と、国民がおさめた税金（国や都道府県、市町村のお金）によって、半分ずつまかなわれています。

介護保険サービスにかかるお金はどこから?

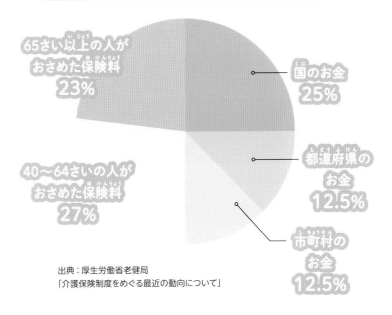

65さい以上の人がおさめた保険料 23%

国のお金 25%

都道府県のお金 12.5%

市町村のお金 12.5%

40〜64さいの人がおさめた保険料 27%

出典：厚生労働省老健局
「介護保険制度をめぐる最近の動向について」

医療をささえるしくみ「医療保険」

みんなが必要なときに安心して医療を受けられるためのささえあいのしくみが「医療保険」です。医療保険に入っていることで、実際にかかったお金の1〜3割の負担で医療を受けることができます。のこりのお金は、介護保険と同じように、保険料と税金によってまかなわれています。

医療を受けた人が負担するお金の割合は、年齢によってことなります。お年よりや小さい子どもは、より少ない負担で医療を受けられるようになっているのです※。

75さい以上の人

1割負担

※一定以上のお金をかせいでいる人は2〜3割負担。

70〜74さいの人

2割負担

※一定以上のお金をかせいでいる人は3割負担。

6〜69さいの人

3割負担

※子どもの医療費については、住んでいる地域ごとに、小学校に入るまでは負担しなくてよいなどの決まりがあります。

6さい未満の子ども

2割負担

教えて！

これからもささえあうには どうすればいいの？

少子高齢化が進むってことは、
ささえる人の数が少なくなって、
ささえられる人の数が多くなっていくんだよね？
大丈夫なのかな？

少子高齢化が進んで 人口の割合が変化している

日本では、少子高齢化が進み続けています。年金をもらう世代であり、医療や介護を受けることも多いお年よりの人口は、今後もふえていく見通しです。一方、税金や保険料をより多く負担する20〜64さいのおとなの人口はへっています。少子化が続けば、今後もへっていくでしょう。

このように、年齢別の人口の割合が変化しているため、以前よりも少ない人数でお年よりをささえなければならなくなっています。2020年では、お年より1人を1.9人でささえている状態です。将来は、ますます少ない人数でお年よりをささえなければならなくなると予測されています。

お年より1人を何人でささえる？

2000年	2020年	2040年（予測）
3.6人	1.9人	1.5人

人口の割合は、高齢者1人に対して、20〜64さいのおとなが3.6人。3.6人で1人のお年よりをささえていました。

少子高齢化が進み、高齢者の人口の割合がふえたことで、お年より1人を2人未満でささえることになりました。

将来はさらに少子高齢化が進み、ますます少ない人数でお年よりをささえなければならなくなります。

出典：総務省統計局「国勢調査」、国立社会保障・人口問題研究所「日本の将来推計人口（令和5年推計）」出生中位（死亡中位）推計

これからも、ささえあいの
バランスをたもつためには？

年金も介護保険も医療保険も、いまはたらいている人たちがささえています。今後も少子高齢化が進んでいくと、ささえる人の数がへって、ささえあいのしくみをたもつのがむずかしくなっていくと考えられます。

お年よりの割合がふえていくことがさけられないなかで、ささえあいのしくみをたもつために、さまざまな方法が検討されています。

Q 介護保険や医療保険を
たもつためには
どうすればいい？

A みんなが健康で
いられるようにする

病気やけがの予防に力を入れて、みんなが健康でいられるようにすれば、介護や医療にかかるお金そのものをへらすことができます。

A 利用者が負担する
割合を見直す

介護や医療を受けたときに、利用者が負担するお金の割合を、いまよりもふやすことで、保険料や税金でまかなう分をへらします。

Q 年金制度を
たもつためには
どうすればいい？

A 厚生年金に
入る人をふやす

女性やお年よりなど、いま、はたらいていない人がはたらくようになると、厚生年金に入る人がふえて、集められる保険料がふえます。

A 65さいまで
保険料をおさめる

現在、国民年金の保険料をおさめるのは20〜59さいの間ですが※、65さいまでおさめるようにして、集められる保険料をふやします。

※ いまも、60さい以上で保険料をおさめたり、年金をもらい始める年齢を65さいよりもおそくしたりする方法をえらぶことができます。これらの方法をえらぶと、もらえる年金の金額が多くなります。

このほかにも
いろいろな方法が
話しあわれているよ！

ささえあいの方法は、
年金や保険制度だけではないよ。
地域でお年よりをささえることも
大切なんだ(→32ページ)。

考えてみよう！

少子高齢化が進んでいくなかで、ささえあいのしくみを、この先もずっとなり立たせていくためには、ほかにどんなことができるでしょうか。みんなで考えてみよう。

教えて！

社会のために活躍する
お年よりを知ろう！

お年よりは、ささえられるばかりではなく、
社会をささえる存在でもあるんだ。
どんな活動をしている人がいるかみてみよう！

定年後もさまざまな形で
はたらくお年よりがふえている

　かつて日本では、定年制によって、多くの人が60
さいになると仕事をやめていました。しかし現在では、
定年制をなくしたり、70さいまではたらけるようにし
たりする会社もふえ、はたらく意欲のあるお年よりが、
さまざまな形で活躍できるようになっています。少子
高齢化が進み人口がへるなかで、お年よりも社会をさ
さえる存在として、重要な役割をになっているのです。

定年制

　はたらく人が、会社の定めた年齢（定
年）になったときに仕事をやめるという制
度です。定年は、60さい以上に定める決
まりになっています。定年をむかえたあと
も、本人が希望すれば、65さいまで（場
合によってはそれ以降も）はたらき続ける
ことができます。

お年よりのいろいろな活躍のしかた

再就職や継続雇用

定年で会社をやめたあと、新たな会社に
就職するのが再就職。定年後も同じ会社
ではたらき続けるのが継続雇用。

シルバー人材センター

センターに登録し、依頼があったときに
仕事を引き受けて、賃金をもらう。お年
よりが、はたらくことを通して生きがいを
えるためのしくみ。

ボランティア

通学の見守りや防犯パトロール、清掃活
動のような、地域のための活動などに、
お金をもらわずに参加する。

活躍する高齢者にインタビュー

継続雇用ではたらく人

三塚恵子さん
1954年（昭和29年）生まれ

どんな仕事をしているの？

地元の学童保育（放課後児童クラブ）で、指導員をしています。子どもたちが安心して安全にすごせるよう見守るほかに、週に2〜3回、手づくりのおやつを用意しています。

Q いまの仕事を始めたきっかけは？

A わたしのむすめは、小学生のころ、この学童保育に通っていました。むすめが卒業して数年たったころに声をかけられ、49さいでこの仕事を始めることになりました。最初はたいへんでしたが、子どもたちの「みっちゃん（三塚さんのよび名）のおやつがすき」「おいしい」という言葉にはげまされながら、気づけばもうすぐ20年です。60さいで一度定年をむかえましたが※、継続雇用ではたらき続けています。

※ この学童保育を運営する団体では、当時は60さいが定年でしたが、現在は70さいにかわっていて、70さい以上でも希望すれば仕事を続けることができます。

Q やりがいを感じるのはどんなとき？

A おいしそうにおやつを食べる子どもたちのすがたを見ると、幸せな気持ちになります。近ごろは家庭で手づくりすることが少ない、白菜づけや、いもがら（さといもなどのくき）のいため煮なども、みんなよろこんで食べてくれます。また、わたしは、ものを食べるときのふるまいや、年上の人との話し方など、人として大切なことは、しっかり指導するようにしています。子どもたちにそれがきちんとつたわると、うれしいです。

いっしょに遊んだり、宿題をみたりしながら、かわった様子はないか、見守っています。元気がない子に話を聞いたり、子ども同士のもめごとを解決したりするのも大事な仕事です。

子どもたちといっしょにおやつづくりをすることもあります。安全に気を配りながら、楽しく調理の基本を教えています。

指導員ふたりで、およそ100人分のおやつを2時間半ほどかけてつくります。季節の野菜を使ったり、節分や七夕などの行事に合わせたメニューを考えたりと、工夫をこらしています。

学びを生かして活躍する人

橋本よし子さん
1936年（昭和11年）生まれ

どんなことをしているの？

仕事として、京都府宇治市の自宅でフラワーデザイン教室を開くほか、ボランティアで高齢者施設を訪問したり、地域の高齢者の居場所づくりにたずさわったりしています。

Q 仕事や活動を始めたきっかけは？

A　もともと花屋をいとなんでいて、仕事に役立てるためにフラワーデザインを学びました。資格をとり、30年ほど前から講師をしています。また、宇治市が開いている「高齢者アカデミー」という講座で学んだのがきっかけで、高齢者の居場所づくりにもたずさわるようになりました。わたしが住むマンションには、高齢の人が多く住んでいるので、みんなの居場所づくりのために、月に1回のつどいを開いています。

Q やりがいを感じるのはどんなとき？

A　年を重ねてもはたらき続けられるのは、ありがたいことだなと思っています。いまも年に2回、東京に行ってフラワーデザインの勉強をしています。子どものころやわかいころは、戦争の影響などもあり、落ち着いて学ぶことができませんでしたが、いまは自分のやりたいことができて幸せです。フラワーデザインを教えることで、人に楽しんでもらえたり、世界を広げるお手伝いができたりするのも、うれしいことです。

高齢者施設でのボランティアの様子。教える相手は橋本さんよりも少しわかい世代です。「わたしのすがたを見て、年を重ねても楽しく活動できることを感じてもらえればうれしい」と橋本さん。

いとなんでいた花屋は65さいのときにしめましたが、フラワーデザイン教室は現在も自宅で続けています。

マンションの高齢者のつどいでも、集まった人たちに季節の花をいけてもらうなど、フラワーデザインの講師としての経験を生かしています。

活躍する高齢者にインタビュー

地域の伝統芸能をになう人

三浦康司さん
1950年（昭和25年）生まれ

どんな活動をしているの？

知立山車文楽保存会山町人形連の会長として、江戸時代から続く愛知県知立市の伝統芸能「知立山車文楽」を受けつぎ、広く知ってもらうための活動をしています。

Q 活動を始めたきっかけは？

A 知立の山車文楽は、「知立まつり」という地元の祭りで伝統的に上演されています。しかし、いまから40数年前、人形をあやつる役割をしていた長老が高齢のため、上演があやぶまれたことがありました。「地元の伝統をたやしてはいけない」と思い、当時20代だったわたしたちを中心に、山町人形連を結成。町の長老たちに文楽を教えてもらい、なんとか上演をはたしました。それがきっかけで、現在にいたっています。

Q やりがいを感じるのはどんなとき？

A 県外や海外からの公演依頼がたびたびあり、山車文楽を広めると同時に、知らない土地をたずねることも楽しみとなっています。また、山車文楽の伝統を受けついでもらうために、市内のおとなや小中学生に向けて体験講座や体験学習をおこなっているのですが、よい反応があるとやはりうれしいですね。社会のために活動することは、自分自身が健康で長生きすることにもつながると感じています。

知立まつりでの上演の様子。山車（お祭りのときに引く台車）の上に舞台があり、そこで文楽をえんじます。文楽とは日本の伝統芸能のひとつで、語りや三味線とともに人形をあやつって物語をえんじるものです。

人形連のメンバーは、祭りのときは1か月前から、特別公演のときは1週間前から、毎日集まって、集中して練習します。

小学生向けの体験学習で、お手本をえんじて見せます。緑色のはっぴを着ているのが三浦さん。

27

お年よりがくらしやすい 町って どんなところ？

町には、お年よりが
生活しやすくなるための工夫が
いろいろあるよ。どんなものがあるのか、
くわしくみてみよう！

 バリアフリー

お年よりや障害のある人など、すべての人が生活するうえで、バリア（かべ）を感じずにすごせるよう、建物や乗り物、道路などの設備を工夫すること。

町にはどんな工夫があるのかな？

年をとると、体にいろいろな変化がおきます。体力が落ちて階段の上り下りがたいへんになったり、目が見えにくくなって町なかの看板の文字が読みづらくなったりする人もいます。

体が変化しても、すきなところへ安心して出かけたり、だれかに会いに行ったりできるよう、町にはいろいろな工夫があります。また、それらの工夫はお年よりだけでなく、おなかに赤ちゃんがい

る人、障害のある人、体調のよくない人など、さまざまな人にとっても助かるものです。しかし、ものだけが便利になっても本当のバリアフリーとはいえません。一人ひとりが多様な人のことを思いやる「心のバリアフリー」を広げることが大事です。ここでは、町の工夫のいくつかをみてみましょう。

自分に合った方法をえらんで、
安心して移動できることが
大切なんだね。

工夫 1 移動を助ける

エレベーター

手すりが
ついている

車いすに乗っている人や体力がない人も、楽に移動できる。車いすの人でも手がとどく低い位置にボタンがついているものもある。

エスカレーター

1分間で
30m進む
ものが多い

階段の上り下りをしないでも移動できる。ふつうのエスカレーターより速度がおそく、より安全に乗り降りできるものもある。

スロープ

2つの高さの
手すりが
ついている

階段や段差の横につくられた坂道。車いすやシルバーカー※を使う人も通ることができる。階段の上り下りが心配な人も歩きやすい。
※荷物を運んだり、腰をかけたりするための手押し車。

工夫 2 わかりやすいデザイン

大きな表示

案内が大きな文字で書かれている。足元に表示があるため、視線が下に向きやすいお年よりも気づきやすい。

ピクトグラム

絵で表されているので、見ただけで情報がつたわる。くっきりとした絵で、視力が落ちている人も見やすい。

配色が工夫されたトイレ

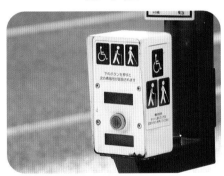

かべの色がこいので、白い便器や手すりの位置がはっきりわかりやすく、安全に使うことができる。

設計／オープンヴィジョン

工夫 3 安心・安全をささえる

信号機

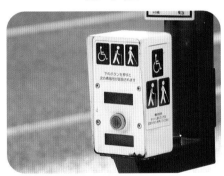

ボタンをおすと、青信号の時間がのびる、歩行者信号機用の設備。お年よりや体の不自由な人もゆっくりと横断できる。

スローショッピング

ふつうのレジのほかに「スロー（ゆっくり）レジ」が設置されているスーパー。せかされることなく、自分のペースで代金をはらえる。

レストラン

段差がないので車いすでも通れる

バリアフリーのレストラン。介護食にも対応しているので、外食がなかなかできない人も安心して食事を楽しめる。

みんなにとって使いやすいユニバーサルデザイン

バリアフリーは、こまっていることを取りのぞくための工夫です。一方、ユニバーサルデザインは、はじめからすべての人が利用しやすいように、町や施設、ものの形などをデザインする考え方です。たとえば自動ドアは、車いすを使っている人、赤ちゃんをだいている人、両手に荷物をもっている人など、どんな人にとっても便利です。

29

バリアフリーの工夫をさがしに行こう！

やってみよう！

ぼくが住んでいる町にも、
バリアフリーはあるのかな？
町探検に行って、調べたい！

音が鳴る信号を
見たことがあるよ。
何のためにあるのかな？

準備　お年よりのこまりごとを考えよう

お年よりの体は、どんなふうに変化しているか考えてみましょう。自分がお年よりだったら、町に出たときにどんなことにこまりそうですか。また、どんなものがあると便利だと思いますか。想像してみましょう。

※お年よりの体の変化については、1巻22〜37ページでくわしくしょうかいしています。

活動プログラム

❶ 町のバリアフリーをさがす

❷ バリアフリーマップをつくる

❸ 自分にできることを考える

用意するもの

- 町の地図
- 筆記用具
- 大きな紙
- バインダー
- カメラ
- ふせん

プログラム1　町のバリアフリーをさがそう

実際に町を歩いて、バリアフリーの工夫をさがしましょう。気づいたことやみつけたものを、記録したり写真にとったりして、あとでふり返れるようにするとよいですね。

優先駐車場の表示。お年よりや障害のある人、おなかに赤ちゃんがいる人などが優先して使える。

道路の段差をなくすプレート。

車いすに乗ったまま乗車できるノンステップバス。

※町を探検するときは、歩いている人や、設備や施設を使っている人のじゃまにならないように気をつけましょう。

プログラム 2　バリアフリーマップをつくろう

　大きな紙に町の地図をかいて、町でみつけたバリアフリーの工夫を書きこみましょう。どんな人にとってやさしい工夫なのか、考えてみましょう。

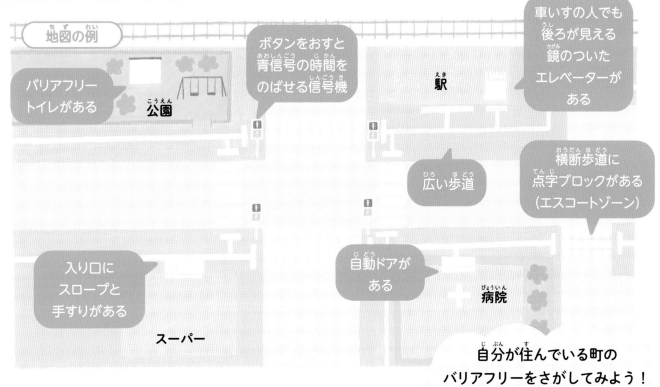

地図の例

バリアフリートイレがある

ボタンをおすと青信号の時間をのばせる信号機

公園

駅

車いすの人でも後ろが見える鏡のついたエレベーターがある

広い歩道

横断歩道に点字ブロックがある（エスコートゾーン）

入り口にスロープと手すりがある

自動ドアがある

スーパー

病院

※地図をかくときは、役場などにある町の地図がお手本になります。

自分が住んでいる町のバリアフリーをさがしてみよう！この本の、後ろの表紙の裏にあるワークシートを使ってね！

プログラム 3　もっとくらしやすい町にするために、自分にできることを考えよう

　もっとみんながくらしやすい町にするために、自分にできそうなことを考えて、ふせんに書きます。自分でかいたバリアフリーマップにふせんをはって、考えたことを友だちとつたえあいましょう。

エレベーター
お年よりや必要としている人がいるときは、ゆずるようにしたい。

駅前の歩道
自転車がとめられていて、歩きづらかった。自分が自転車を使うときは、かならず駐輪場にとめよう！

重いドア
公民館のドアは、重くて開けるのがたいへんだった。お年よりといっしょのときは、ドアを開けてあげたいな。

歩道橋
道をわたるために長い階段を上らないといけない。重そうな荷物をもっているお年よりに会ったら、手伝いたい！

31

教えて！

お年よりを地域で見守るには どうすればいい？

超高齢社会のいま、みんなが住む町にも
お年よりがたくさんいるよ。
地域のお年よりのために、
できることはあるかな？

わたしの家の近所にも
お年よりは
いるのかな？

どうして地域のささえが必要なの？

　昔は、祖父母と父母、その子どもの3世代の家族が同じ家に住むのがふつうでした。しかし、家族のあり方が変化し、いまではひとりぐらしのお年よりは40年前の7.6倍にふえています。また、夫婦だけでくらすお年よりも多くなりました。たよれる人が周りにおらず、地域から孤立してしまうお年よりも少なくありません。そのため、地域のみんなでお年よりを見守り、ささえていく必要があります。

（万人）

ひとりぐらしの高齢者の数（65さい以上）

671.7
万人

7.6倍

88.1
万人

女性
男性

700
650
600
550
500
450
400
350
300
250
200
150
100
50
0

1980 1985 1990 1995 2000 2005 2010 2015 2020
（年）

出典：内閣府「令和5年版高齢社会白書」

こんなことにこまっている

孤立	フレイル	トラブル

仕事を退職したり、夫や妻、友だちがなくなったりして人とのかかわりがへり、家に引きこもりがちになる。

年をとり、体重がへったり、筋力がおとろえたりすること。そのままにしておくと、介護が必要になることもある。

お年よりのいる家に電話をかけて、商品を買わせようとしたり、お金をふりこませたりする詐欺の被害にあいやすくなる。

どうやって見守っていく？

地域でおこなわれる見守りには、①ゆるやかな見守り、②担当による見守り、③専門的な見守りの3つがあります。

「ゆるやかな見守り」は、地域に住む人ならだれでもできる見守りです。見守りの方法は、お年よりの家をたずねる、電話をかける、手紙を送るなど、さまざまです。スマートフォンを使うお年よりもふえているので、メールやメッセージアプリ、SNSなどを活用する方法もあります。

📎 **見守りネットワーク**

お年よりが地域で安心してくらせるよう、地域全体でささえるしくみのこと。ひとりぐらしや高齢者だけの世帯などに、見守りや声かけ、無事にくらしているかの確認などをおこなう。

ゆるやかな見守り

地域の人
友だち など

この家のおじいちゃん最近見ないけど大丈夫かな？ お父さんに話してみよう。

担当による見守り

民生委員
担当ボランティア など

こんにちは。おかわりないですか？

専門的な見守り

①保健師　②社会福祉士
③主任ケアマネジャー など

保健指導はまかせて！

福祉サービスの相談を受けます。

① ←→ ②

介護の専門家です。

③

デジタルデバイド（情報格差）をなくそう

インターネットやスマートフォンを利用する人は年々ふえている一方、それらを使いこなせない人もいます。デジタル機器を使える人と使えない人の間に生まれる差を、「デジタルデバイド」といいます。インターネットなどを使えないと、周りの人と連絡を取れずに孤立したり、必要な情報を受け取れずに緊急時に避難がおくれたりするおそれもあります。

デジタルデバイドをなくすために、お年より向けにスマートフォンの講座を開いたり、参加者同士で連絡先を交換して交流したりする場をもうけている市区町村もあります。

わたしたちも使い方を教えられるよ！（→2巻34〜35ページ）

東京都渋谷区がおこなっている「スマホサロン」。

だれでもすごせる デイサービスを調べたよ

行ってみた！

富山市立堀川小学校4年生（富山県）

富山型デイサービスって何？

富山市の小学校に通うＡさんは、おばあちゃんが通っている老人ホームで「富山型デイサービス」という言葉を聞きました。富山型デイサービスとは、どんな年齢でも、障害があってもなくても、だれもが住みなれた地域で支援や介護を受けられるデイサービス（→3巻26ページ）です。インターネットで調べているうちに、もっと知りたくなったＡさんは、富山型デイサービスを取り入れている施設「ありがとうの家」をたずねることにしました。

デイサービスには、お年よりしか行かないと思っていたので、いろいろな人が集まると知っておどろきました。実さいに見に行きたいです。

どんな人たちが来ているのかな？

Ａさん

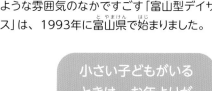

インターネットで調べたことをまとめました。家のような雰囲気のなかですごす「富山型デイサービス」は、1993年に富山県で始まりました。

小さい子どもがいるときは、お年よりが見守ってくれるんだよ。

1 「ありがとうの家」に行こう！

Ａさんは「ありがとうの家」へ見学に行きました。利用者のお年よりは、ゆったりとした雰囲気のなかで楽しそうにすごしていました。

お年よりもはたらいている人も笑顔ですごしていて、利用者のお年よりたちが「第二の家」と言っている意味がわかりました。わたしもお年よりになったら、富山型デイサービスに行きたいなと思いました。

2　はたらいている人の話を聞く

　Aさんは「ありがとうの家」を経営しているSさんに話を聞きました。「ありがとうの家」は、もともと空き家だったところを改装してつくられた施設だということがわかりました。大きな施設や病院とはちがい、たたみの部屋や台所などがあり、ふつうの家のような空間なので、安心してくつろいですごせるそうです。

わかったことを
大きな紙に
まとめたよ。

Aさん

ありがとうの家の利用者の方たちはみんな笑顔だから私もありがとうの家ですごしたい！私は利用者の方たちが笑顔で富山型デイサービスは第二の家。と言える理由は元々家の所でできているからだと思います。

ありがとうの家は元々何？
ありがとうの家は元々家で住んでいる方が引っこしてしまったのでその家を買いました。

元々子ども部屋がなかった!?
富山型デイは高齢者だけでなく子どもも預かるので子ども部屋を作りました。

こんなかんじ　　　　こんなかんじ

　死ぬときは「たたみの上で死にたい」と話していた利用者のお年よりは、家族に見守られながら、「ありがとうの家」のたたみの上でなくなったそうです。はたらく人が、お年よりの気持ちを大切にしているのがわかりました。

3　利用者の話を聞く

　Aさんは利用者のお年よりに、「ありがとうの家」はどんなところか聞きました。話を聞いて、Aさんは人とのつながりを感じられることが、富山型デイサービスのよいところだと考えました。

　「ありがとうの家」にいる人たちは、まるで本当の家族みたいだと思いました。近所の家に遊びに行ったみたいにくつろいで楽しくすごせて、すてきだなと思いました。

みんなに
会えることが
うれしいんだ！

家族といるよう
に感じるよ。

お年よりがすごす施設にも、
一つひとつ特徴があるんだね。
自分がお年よりになったら、
どんなところですごしたい？

調べてみよう！

みんなが住む地域には、どんな
施設やデイサービスがあるかな？
それぞれの特徴を調べてみよう。

教えて！ 災害がおきたとき、みんなでささえあうには？

災害がおきたら、まずは自分の命を
守ることが大事だよ。
身の回りにお年よりがいたら、
どんなことができるかな？

あそこの家の
おばあちゃん、
足が悪かったな。
お母さんに知らせよう。

ふだんからお年よりと顔見知りになっておこう！

　あなたもお年よりも地域の一員です。ふだんからあいさつをしたり地域のイベントに参加したりして、たがいに顔や名前がわかる関係になっておくとよいでしょう。

　2011年の東日本大震災では、なくなった人の約60％が65さい以上でした。自分の地域に助けを必要としている人がいることを知っていれば、いざというときに力をかすことができます。

防災訓練で、地域の人と交流！

　地域の防災訓練に参加してみましょう。防災訓練では、災害がおきたときに、どのように行動するとよいか学べるだけでなく、地域の人と交流することもできます。子どもからお年よりまで、さまざまな人が参加するので、自分が住む地域にどんな人がいるのか知ることもできます。

　地域の防災訓練の多くは、市区町村や町内会が企画しています。住んでいる市区町村のホームページなどをみてみましょう。

大阪府箕面市の町内会がおこなった防災訓練の様子。さまざまな世代の人が集まり、消防士から話を聞いている。

とくに助けを必要としているのはどんな人たち？

お年よりや障害のある人、おなかに赤ちゃんがいる人などは、体を動かすことがむずかしかったり、つかれやすかったりするため、災害のときにはだれかの助けが必要です。また、日本語がわからない外国の人は、命を守るための情報を受け取れないおそれもあります。

お年より

障害のある人

おなかに赤ちゃんがいる人

外国の人

津波が来る！高台へにげて！
？

避難所ではどんなことができる？

無事に避難したあと、避難所に行くことになるかもしれません。避難所では、さまざまな人がいっしょにすごします。どんな人が、何にこまっていますか？自分にできそうなことを考えてみましょう。

10時から水の配給があります。

ひとりでいるお年よりがいたら、話しかけたいな。

そうじやたき出しの手伝いは、わたしにもできそう！

37

みんながくらしやすい社会をつくるには？

考えて
みよう！

超高齢社会について、
いろいろとみてきたね。
どんなことを思った？

子どもの数が
そんなにへっているなんて
おどろいたよ！
（→6ページ）

1年間に生まれる子どもの数

1970年
193万人

2020年
84万人

半分以下に
へっている。

年をとったときのくらしを
ささえるために、
保険や年金の制度があるのね。
（→16〜21ページ）

安心してくらすためには、
近くに住む人とのつながりが
大事なことがわかったわ。
（→32〜37ページ）

年金

介護保険

見守りネットワーク

地域の人
友だち

民生委員
担当
ボランティア

社会福祉士
などの
専門家

どんな社会になるといい？

少子高齢化によって、はたらく人が少なくなって経済がとどこおったり、医療や介護にかかるお金がふえて国民みんなの負担がふえたりする問題がおきています。社会の変化に合うように制度をかえたり、みんなが健康をたもてるようにしたり、さまざまな方法が話しあわれています。

みんなもおとなになると、社会をささえるひとりとなります。さらにその先には、おじいちゃん、おばあちゃんになります。自分がお年よりになったときには社会の助けが必要になるかもしれません。みんながくらしやすい社会にするにはどうすればいいのか、いっしょに考えていきましょう。

同じ社会に生きる仲間！

　この本のシリーズでは、お年よりがどんな人たちで、どんなふうにふれあえるのかをみてきました。お年よりは、年齢がはなれているため、みんなとちがうところがあります。でも、いっしょに遊んだり、知恵をわかちあったりすることで、おたがいに理解しあえることがたくさんあります。

　人の一生を山登りにたとえると、登っているとちゅうのみんなと、頂上から下りてきたお年よりは、同じ高さにいます。お年よりは、みんなの気持ちになって話を聞いてくれたり、いっしょに考えてくれます。もしかしたら、みんなのお父さんやお母さんには話せないことも、おじいちゃんやおばあちゃんには話せるかもしれませんね。

　お年よりは、人生の大先輩であり、同じ社会に生きるみんなの仲間なのです。手を取りあってみんなが笑顔になれる未来をつくっていきましょう。

お年よりのことが
ぐっと身近に思えてきたよ。
お年よりの友だちをつくりたいな！

みんなが考えたり、
発見したりしたことを
ぜひ聞かせてね！

さくいん

監　　　修	佐藤眞一
装丁・本文デザイン	鳥住美和子 (chocolate.)
表紙イラスト・まんが	朝倉千夏
本文イラスト	かまたいくよ
企画編集	頼本順子・山岸都芳 (小峰書店)
編集協力	岡 遥香・清水理絵・杉田充子・滝沢奈美 (WILL)、山口 舞
Ｄ　Ｔ　Ｐ	小林真美・滝田 梓 (WILL)
校　　　正	村井みちよ
取材協力・写真提供	NPO法人カローレ、富山市立堀川小学校、橋本よし子、三浦康司
写真提供	株式会社アイシマ、株式会社イズミ、グスタフスベリのスロッツオバーレン高齢者特別住宅、小石川 茂、渋谷区、徳島市交通局、富士フイルムイメージングシステムズ株式会社
写真協力	スウェーデン・クオリティケア株式会社 (SQC)

【参考資料】
厚生労働省「令和5年版高齢社会白書」
国立社会保障・人口問題研究所「日本の将来推計人口 (令和5年推計)」
総務省統計局「国勢調査」(令和2年)
総務省統計局「人口推計」(令和4年)
総務省統計局　統計ダッシュボード
https://dashboard.e-stat.go.jp/

【監修】
佐藤眞一 (さとう しんいち)
大阪大学名誉教授／大阪府社会福祉事業団特別顧問
1956年東京生まれ。早稲田大学大学院文学研究科博士後期課程を終え、東京都老人総合研究所研究員、明治学院大学心理学部教授、ドイツ・マックスプランク人口学研究所上級客員研究員などを経て、2009年に大阪大学大学院人間科学研究科臨床死生学・老年行動学研究分野教授に就任。2022年に定年退職。博士 (医学)。専門は老年心理学、心理老年学。著書に『認知症の人の心の中はどうなっているのか?』(光文社新書)、『マンガ 認知症』(共著、ちくま新書)、『心理学で支える認知症の理論と臨床実践』(共編、誠信書房)、『老いのこころ』(共著、有斐閣アルマ)、『心理老年学と臨床死生学』(編著、ミネルヴァ書房)、『あなたのまわりの「高齢さん」の本』(主婦と生活社) など多数。

おじいちゃん、おばあちゃんを知ろう！
❹超高齢社会ってどんな社会？

2024年4月4日　第1刷発行

発行者	小峰広一郎
発行所	株式会社 小峰書店
	〒162-0066　東京都新宿区市谷台町4-15
	TEL 03-3357-3521
	FAX 03-3357-1027
	https://www.komineshoten.co.jp/
印刷・製本	図書印刷株式会社

© Komineshoten 2024　Printed in Japan
ISBN978-4-338-36504-8　NDC 367　40P 29×23cm

町のなかのバリアフリーをさがそう！

町のなかには、お年よりや障害のある人など、
すべての人が生活するうえで、できるだけバリアを感じずに
すごすためのいろいろな工夫があります。このシートを活用して、
町のバリアフリーをさがしてみよう（→30ページ）。

[記入例]

町のバリアフリー発見シート

4 年 2 組　名前 春村 さくら

どんなバリアフリーの工夫があった？

場所は？	どんな工夫？
① 公園のトイレ	手すりがついているバリアフリートイレがあった。
② 駅前の信号	青信号の時間をのばせるボタンがあった。
③ 駅前の歩道	道のはばが広かった。
④ 病院のエスカレーター	ふつうのエスカレーターよりも、ゆっくり動いていた。
⑤ 市役所の出入り口	手動のドアのとなりに自動ドアもあった。

こんなところをチェック
さまざまな人が集まる場所や、使うものを考えてみよう！

何を助ける工夫か考えよう

① 車いすの人やお年よりが手すりにつかまり、便器にすわれるようにすること。

② 歩くのに時間がかかる人が、青信号の間にわたれるようにすること。

③ 人と人がぶつかって転んでしまわないようにすること。

④ お年よりやけがをした人があわてずに、乗ったり、おりたりできるようにすること。

⑤ つえをついている人や、車いすにのっている人が出入りしやすくすること。

何のための工夫？
上の①〜⑤について、どんなこまりごとをへらせるか考えよう！

バリアフリーについて調べた感想

バリアフリーの工夫があることで、お年よりだけでなく、体が不自由な人や小さい子どもを連れた人など、いろいろな人にとって、生活がしやすくなることがわかりました。エレベーターが人でいっぱいのときには、階だんやエスカレーターを使って、エレベーターが必要な人にゆずってあげたいと思います。

みつけたことのほかに、こんな工夫があったらいいと思うものがあれば、それも書いてね！

※ワークシートはかならずコピーして使いましょう。